Thèse

POUR LA LICENCE.

A LA MÉMOIRE DE MA MÈRE,

(Regrets éternels).

A MON PÈRE.

A MES FRÈRES,

(Hommage de respect, d'amour et de reconnaissance).

Faculté de Droit de Toulouse.

ACTE PUBLIC

POUR

LA LICENCE

En exécution de l'art. 4, titre 2, de la loi du 22 Ventôse an XII.

SOUTENU

Par **M. CAVE** (Jacques-André-Siméon),

De **POINTIS-DE-RIVIÈRE** (Haute-Garonne).

JUS ROMANUM.

DE LITTERARUM OBLIGATIONE. — DE NON NUMERATA PECUNIA.

Inst. Liv. iii. Tit. xxi. — Cod. Liv. iv. Tit. xxx.

Obligatio est juris vinculum, quo necessitate adstringimur alicujus rei solvendæ, vel faciendæ, vel non faciendæ secundùm jura civitatis. (Just., Inst., tit xiv. De oblig.)

1

Omnium autem obligationum divisio in quatuor species deducitur. Aut enim ex contractu nascuntur, aut ex maleficio, aut proprio quodam jure ex variis causarum figuris, id est, aut ex quasi contractu, aut ex quasi maleficio. Obligationes, quæ ex contractu sunt, in quatuor species æquè dividuntur. Nam aut re, aut verbis, aut litteris, aut consensu contrahuntur. Nunc verò à nobis de iis, quæ ex litteris nascuntur, dispiciendum est.

Primùm hanc obligationem definire oportet. — Est quidem litterarum obligatio, quæ consensum petit, scriptisque contrahitur; atque de eo litterarum obligationis nomen ei datum est.

Antiquitùs hoc modo fiebat. Erant quidem apud Romanos argentarii vel Mensarii, qui in tabulas referebant inter privatos conventus, sive pro mutuo, sive emptione et venditione, sive stipulatu. In his tabulis, quæ argentariorum rationes appellabantur, creditoris et debitoris nomina scribebantur; et sola nominum prescriptio obligationem faciebat : quæ ob hoc nominum obligatio dicebatur.

Nulla actio ex ipsâ nascebatur : Nam vero non erat contractus; sed, ut quem gestum fuisse dicebat, probatus sit, tantum proderat.

Hæc quoque non silentio prætereamus. Sæpè quidem argentarii se pecunias debitas numeraturos esse creditori pollicebantur : Quod *contrahere per scripturam mensæ argentariæ*, hoc est, cum argentariâ agere, dicebatur. In hoc casu, contrà argentarium creditori competebat actio *receptitia*, contrà quemcumque in pecuniam, vel aliam rem fungibilem obligatum à principio data, quæ posteà à Justiniano imperatore in actionem de pecuniâ constitutâ translata fuit.

His tamen nominum obligationibus sublatis, nascuntur litterarum obligationes, quæ nihil aliud, quàm à privato scriptis facta alicujus rei solvendæ agnitio. Quas verò maximæ difficultates ab intio prosequuntur. Sæpè enim multi, ut pecuniam ab aliquo mutuentur, rerum necessitate coacti, quæ sibi numerata non est, quasi mutuam accepturi, debere se præscribunt; quosdamque syngrapham sibi imprudenter traditam, malà fide agentes, retinere accidit, nullâ tamen pecuniâ petentibus numeratâ. — Prætereà etiam si quis idem scripserit, nihilque tamen accipiens, alicui, è vità interim discedenti, pecuniâ non numeratâ, syngrapham tradiderit, per *condictionem certi* defuncti hæredes eum persequi possunt, rem repetitam adversario mutuam datam fuisse etiam bonâ fide credentes. Tunc quidem, in talibus rebus, obligatus esse videtur omnis debitor imprudens, condemnarique potest in pecuniam solvendam, quam certo non debet; quià non solo consensu, sed etiam re mutuum contrahitur. ·

Quapropter, deindè hujus, tantùm nomine, debitoris gratiâ comparatur exceptio *non numeratœ pecuniœ*, ut actionem adversùs se motam excludat.

Hæc quidem exceptio instrumentum actoris irritum facit : Nam, si quis ex cautione suâ, licet hypothecâ datâ, conveniri cœperit, exceptione non numeratæ pecuniæ oppositâ, pecuniam ei numeratam esse probare petitor compellitur. Quo non impleto, reus absolvitur. (L. 3. C. de non numer. pecuniâ).

Nunc verò hoc notandum est. Generaliter, si reus exceptionem objiciat, res à se prolatas probare debet; quià is, qui aliquid pro certo exponit, onus probationis accipit (l. 19. C. tit de probationib.). Nihilominus, de non numeratæ pecuniæ exceptione opposita, actori probatio incumbit: *Nam factum negantis nulla probatio est.* (L. 2. C. tit. eod., et 10 de non numer. pecuniâ).

Si, quasi accepturus mutuam pecuniam, te accepisse scripseris, quæ numerata non est, obligationem *per condictionem* repetere, etiam si actor non petat; vel exceptione non numeratæ pecuniæ adversùs agentem uti tibi licebit. (L, 7. C. de non numer. pecuniâ).

Aliquandò accidere potest, ut, stipulatione interpositâ, placita creditor non det. Quid facias, si solidum petatur? In eo casu, cùm ultrà hoc quod accépit, re obligari neminem posse constet, *in factum exceptio* tibi data est; nisi tempus intrà quod hujus rei querela deferri debet, transierit; judexque nihil ultra hoc quod accepisti, exigi patietur. (l. 9. C. de non numer. pecuniâ).

Si quis, fidem cautionis agnoscens, etiam solutionem portionis debiti vel usurarum fecerit, non numerata pecuniâ nimiùm tardè querelam deferre intelligitur. (L. 4. C. de non numer. pecuniâ). Contrà si quis propriam scripturam, vel numerationem ante judicem negaverit, convictus, in duplum condemnatur, nisi sacramento illato confiteatur. Tunc enim in impensas circà probationes factas, actoris jura-

── 4 ──

mento declarandas, tantummodò punitur. At si, primùm numerationem abnegans, solutionem deindè prætendat, omninò solidum solvitur, judice, qui de eâ re cognoscit, sic jubente; nec prodest jam facta solutio. Similiter, si actor litteras suas à reo prolatas abneget, in eamdem pœnæ formam condemnatur : Hæc quoque pœna curatori infligenda est, si in causâ ejus quem curat, sic agere possit. (*In auth. Nov.* 18, *cap.* 8). Quandò quidem in ejus vicem, qui erat obligatus, te debitorem substitueris, exceptione non numeratæ pecuniæ te uti posse non credas. (L. 6. C. de non numer. pecuniâ). Exceptionem non numeratæ pecuniæ objicere possunt hæredes. Ideoque si quis cautionem exposuerit, nullâque querelâ usus, jam de vitâ abierit, legibus tamen definito tempore non elapso, ejus hæres residuum tempus habebit, ut hoc auxilio utatur tàm adversùs creditorem, quàm adversùs ejus hæredem. Sin vero hanc exceptionem jam opposuerit, hæredi adversùs creditorem perpetuò opponere licebit. Sin vero per legitimum tempus non questus fuerit, ab hærede, etiam si pupillus sit, in hoc casu, debitum omninò solvendum est. (L. 8. C. de non numer. pecuniâ).

Olim, in contractibus in quibus pecuniæ, vel aliæ res numeratæ vel datæ fuisse conscribebantur, perpetuò reo competebat exceptio non numeratæ pecuniæ : Posteà tantùm intra quinquennium (quod ab Alexandro Severo Imperatore constitutum fuit). Justinianus autem hanc exceptionem intrà solum biennium continuum objici posse jubet; ut, eo elapso, nullo modo introduci possit : his scilicet, qui propter aliquas causas specialiter legibus expressas, etiam elapso quinquennio in præteritis temporibus adjuvabantur, etiam in posterum, licet biennium pro quinquennio statutum sit, eodem auxilio potituris. (L. 14. C. de non numer. pecuniâ). Sed hujusmodi potestas in certis quidem casibus amputatur; in aliis verò brevi tempore concluditur. (Vide l. 14, § 1 et 2. C. de non numer. pecuniâ).

Observandum est etiam ut in quibus non potest opponi exceptio non numeratæ pecuniæ, nunquam jusjurandum offerre liceat. (L. 14. § 5. C. de non numer. pecuniâ).

Si, taxato tempore elapso, exceptio non numeratæ pecuniæ opponi non possit, debitum tamen solutum contendere licet; quia, ut rectè

dicit Justinianus, inter eum, qui, factum asseverans, onus probationis accipit, et negantem numerationem, cujus naturali ratione probatio nulla est, et ob hoc ad petitorem ejus rei necessitatem transferen-
tem, magna est differentia. (L. 10. C. de non numer. pecuniâ).

Jàm verò dictum est intrà solum biennium continuum objici posse
exceptionem non numeratæ pecuniæ. Perpetuam tamen, si velis,
hanc exceptionem efficere potes. Hoc enim dicitur in lege 14. § 4.
Codicis repetitæ prælectionis, in quâ Imperator Justinianus sic eloqui-
tur : « In omni verò tempore quod memoratæ exceptioni taxatum est,
» ei licebit, cui talis exceptio competit, vel denuntiationibus scripto
» missis querelam non numeratæ pecuniæ manifestare ei qui nume-
» rasse eam, vel alias res dedisse, instrumento scriptus est : vel si
» abesse eum his locis in quibus contractus factus est, contigerit, in
» hac quidem alma urbe apud quemlibet ordinarium judicem, in pro-
» vinciis verò apud viros clarissimos rectores earum, vel defensores
» locorum, eamdem querelam manifestare, eoque modo perpetuam
» sibi exceptionem efficere. Sed si præsens quidem sit, qui pecunias
» numerasse, vel alias res dedisse scriptus est, aliquam verò admi-
» nistrationem in hac alma urbe vel in provinciis gerat, ut difficile
» esse videatur denuntiationem ei mittere : licentiam damus ei qui
» memoratâ exceptione uti velit, alios judices adire, vel in hac alma
» urbe, vel in provinciis, et per eos ei manifestare cui exceptionem
» hujusmodi objicit, factam à se super non numeratâ pecuniâ quere-
» lam esse ; quod si in provinciis, vel non sit alius administrator civi-
» lis vel militaris, vel propter aliquam causam difficile sit ei, qui me-
» moratam querelam opponit, adire eum, et ea quæ dicta sunt, fa-
» cere : licentiam ei damus, per virum reverendissimum episcopum
» eamdem suam exceptionem creditori manifestare, et ita tempus
» statutum interrumpere : Quæ etiam in exceptione non numeratæ
» dotis locum habere, certum est. »

CODE NAPOLÉON.

DE L'INTERDICTION ET DE LA NOMINATION D'UN CONSEIL JUDICIAIRE.

Cod. civ. — Tout le Titre XI du 1er liv.

D'après l'art. 488 du Code Napoléon, la majorité est fixée à vingt-un ans accomplis. A cet âge, l'homme dont les facultées intellectuelles sont censées développées, est capable de tous les actes de la vie civile, sauf les restrictions portées aux titres du mariage et de l'adoption (art. 148 et 346) ; il jouit de la plénitude de ses droits ; il n'a plus d'autre tuteur, d'autre surveillant que la loi.

Cependant, quoique majeur de vingt-un ans, il arrive quelquefois qu'il est incapable de se gouverner lui-même et d'administrer ses biens. Sa raison, en effet, peut, par vice de conformation, rester dans cet état de faiblesse où elle est pendant l'enfance ; elle peut même, par suite des infirmités attachées à la nature humaine, venir à se perdre ou à se troubler. Privé de l'exercice de ses facultés intellectuelles, il ne doit point conserver l'exercice de ces mêmes droits que son âge lui donne dans toute leur plénitude. Inhabile aux actes de la vie civile, il compromettrait ses propres intérêts et l'espoir de sa famille, si on lui laissait la liberté de ses actions. La loi, dans ce cas, vient avec raison à son secours : elle autorise la justice à le réduire à la condition d'un mineur, en lui interdisant l'exercice de ses droits, et à lui donner comme au mineur lui-même, un tuteur pour prendre soin de sa personne et de ses biens. Tel est l'objet de l'*Interdiction*.

Ainsi, l'*Interdiction* est l'acte par lequel la justice interdit à l'homme, devenu majeur, mais privé de sa raison, l'exercice des actes de la vie civile, dont son âge le rendait capable, pour le réduire à la condition d'un mineur. On peut dire aussi que l'*Interdiction* est l'état d'une personne qui, ayant été, en fait, reconnue incapable de se conduire elle-même, a été déclarée, en droit, incapable de faire aucun acte civil, et, par suite, placée sous l'autorité d'un tuteur qui agit pour elle.

CHAPITRE PREMIER.

DE LA POURSUITE EN INTERDICTION.

Première Section. — *Des causes qui peuvent motiver l'interdiction*.

Les causes d'interdiction définies par la loi sont : l'*imbécillité*, la *démence* et la *fureur*, si d'ailleurs cet état est habituel, quoiqu'il ne soit pas continu (art. 489). Ces trois causes d'interdiction sont-elles énumérées d'une manière limitative? L'ancienne jurisprudence avait mis la prodigalité au nombre des causes qui pouvaient faire interdire un majeur. Pourrait-elle être admise aujourd'hui, sous l'empire du Code Napoléon? L'art. 489, selon moi, doit être pris dans un sens restrictif et non dans un sens énonciatif. Quand la loi vient toucher aux droits d'une personne, il n'est pas permis d'étendre ses dispositions par voie d'analogie; et on doit nécessairenent rester dans les cas qu'elle a prévus et déterminés. Ainsi donc on ne peut admettre d'autres causes d'interdiction que l'état habituel d'imbécillité, de démence ou de fureur.

L'*imbécillité* est l'état de l'individu atteint de cette faiblesse d'esprit qui fait qu'il peut à peine concevoir les idées les plus communes, et qu'il est, par cela même, incapable de gouverner sa personne et ses biens.

La *démence* est l'état de celui qui est habituellement privé de l'usage de sa raison. Elle provient, non de la faiblesse de l'esprit, mais d'un trouble, d'un déréglement qui s'opère dans ses idées.

La *fureur,* c'est la démence portée au plus haut degré, c'est l'état où l'on est involontairement poussé à des actions dangereuses.

Il est bon de remarquer que la loi exige que l'état d'imbécillité, de démence ou de fureur soit *habituel* pour pouvoir donner lieu à l'interdiction. Ainsi donc, des actes *isolés, accidentels* et *peu nombreux* de démence ou de folie ne peuvent point servir de fondement à une demandé de cette nature. Souvent une maladie, une passion violente, une affection profonde peuvent égarer ou éclipser momentanément l'esprit le plus ferme. Dans ce cas, on ne pourrait pas faire interdire un individu pour quelques actes de fureur ou de folie, pour avoir des moments de démence, parce que des instants de transport, d'emportement ou de maladie ne constituent point l'état habituel de celui qui les a éprouvés. Mais lorsque la raison ne se montre plus que par intervalles, que les paroles et les actions de tous les jours sont celles d'un insensé, alors seulement il y a état habituel de démence ; et c'est alors aussi qu'il y a lieu à interdiction.

Mais si l'état de démence doit être *habituel,* il n'est pas nécessaire qu'il soit *continu,* c'est-à-dire *continuel* et *incessant,* La loi veut, et cela suffit, que cet état soit *habituel.* Il y a des fous et des furieux qui ont des intervalles lucides pendant lesquels ils paraissent avoir l'usage de la raison ; mais, ces temps lucides, n'étant point leur état habituel, ne font point obstacle à l'interdiction. Ils ne font, au reste, que la rendre plus nécessaire. Et en effet, une personne en cet état, ne pourrait faire des actes valables, que tout autant qu'elle posséderait toute sa raison. Pour les valider, par conséquent, il s'agirait de savoir si cette personne était ou non privée de ses facultés intellectuelles au moment où elle les a faits ; et tout cela ne ferait que créer des questions de fait qui jetteraient toutes sortes d'embarras et d'entraves dans les affaires. C'est au moyen de l'interdiction que l'on prévient toutes ces difficultés : Car tout acte fait pendant l'interdiction, est réputé fait en temps d'incapacité (502). Cette présomption légale est toute d'ordre public, et n'admet point de preuve contraire. Les tiers qui ont contracté avec un interdit, ne sont donc en aucun cas admis à prouver qu'il était dans un intervalle lucide et en pleine possession de ses facultés intellectuelles, au moment où ils sont entrés en relation d'affaires avec lui.

L'interdiction, ainsi que nous l'avons dit, prive le citoyen du libre exercice de ses droits ; elle lui ôte la disposition de ses biens, et souvent la liberté de ses actions. Les effets qu'elle produit, sont assez graves pour que l'on reconnaisse qu'elle ne doit être provoquée qu'avec la plus grande réserve. Ce n'est qu'en cas de nécessité qu'on doit la prononcer, et seulement lorsque l'intérêt de celui contre qui on la provoque, l'exige : car on ne doit considérer ici que son intérêt, et non celui de sa famille.

Si l'interdiction ne doit être prononcée qu'en cas de nécessité, peut-on la provoquer contre les mineurs émancipés, et même contre les mineurs non émancipés?

Quoique la loi ne parle que des majeurs, je crois que les mineurs peuvent être interdits, lorsqu'ils sont dans un état habituel d'imbécillité, de démence ou de fureur, et à une époque voisine de leur majorité. Cela résulte des art. 174 et 175 combinés. Car, d'après leurs dispositions, le tuteur, autorisé par le conseil de famille, peut s'opposer au mariage de son pupille, s'il estime qu'il est en état de démence; mais à la charge par lui de provoquer son interdiction. Cette interprétation, d'ailleurs, est confirmée par M. Emmery, qui, dans son exposé de motifs au corps législatif, faisait remarquer : « Qu'il peut arriver qu'une per-» sonne soit en tutelle lors de son interdiction. »

Je dirai, au reste, à l'appui de mon opinion, qu'il peut être utile et même nécessaire de provoquer l'interdiction d'un mineur même non émancipé, à une époque voisine de sa majorité. Car, si, pour l'interdire, on devait attendre qu'il fût majeur, on aurait entre sa majorité et le jugement d'interdiction un espace de temps pendant lequel il pourrait faire des actes aussi préjudiciables à sa famille qu'à lui-même. On évitera de pareils inconvénients, en prenant les devants. C'est ainsi qu'on pourra déconcerter les artifices de ceux qui n'attendent que le moment de sa majorité pour lui faire souscrire des engagements ruineux pour lui, et peut-être même pour lui faire ratifier les actes qu'il a faits en minorité. Ce fut par ce motif que le Conseil d'État rejeta du projet de Code un article qui portait que : « La provocation en » interdiction n'est point admise contre les mineurs non émancipés; » elle l'est contre les mineurs émancipés. » Ainsi, en règle générale, e mineur ne doit pas être interdit; mais il peut l'être en cas de nécessité.

Deuxième Section. — *Quelles personnes peuvent provoquer l'interdiction?*

Le droit de provoquer l'interdiction est accordé par la loi aux

parents et à l'époux dans tous le cas, et au ministère public en certain
cas seulement (490-491). Tout parent, quel qu'il soit, ascendant ou
descendant, le plus éloigné, comme le plus proche, héritier présompti
ou non de la personne en démence, peut provoquer son interdiction
Car si l'interdiction est établie principalement pour l'intérêt de
l'interdit, on considère aussi l'intérêt de ses héritiers et de sa famille
Le législateur admet les parents qui ne sont par héritiers présomptif
au moment de l'interdiction, parce que tel, qui aujourd'hui n'est poin
au premier degré, peut s'y trouver demain.

Les enfants sont admis à provoquer l'interdiction de leurs père e
mère, parce que cette action ne peut être considérée comme injurieuse
ne devant être fondée, en réalité, que sur la nécessité.

Le Code ne permet point aux alliés de provoquer l'interdiction de l
personne en démence ; ainsi, ils ne peuvent la provoquer que dans l
nom de leurs femmes ou de leurs enfants.

Quant au Procureur impérial, la loi fait une double distinction
S'agit-il d'une personne en état habituel de fureur, il doit dans tou
les cas, en provoquer l'interdiction. Ici, comme on le voit, ce n'es
plus une faculté que la loi lui accorde ; c'est un devoir qu'elle lu
impose dans l'intérêt de la société, de l'ordre public menacé. *Dan
tous les cas,* c'est-à-dire soit que le furieux ait ou n'ait pas un conjoin
ou des parens connus.

S'agit-il, au contraire, d'une personne en état habituel de démence
la loi se contente avec sagesse de ne donner au ministère public qu'un
simple faculté de poursuivre son interdiction, dans le cas seulemen
où elle n'a ni conjoint ni aucun parent connu. On comprend, en effe
que si l'individu en démence est marié, s'il a des parents connus, l
zèle indiscret et inopportun du Procureur impérial deviendrait déso
bligeant et nuisible pour la famille. Quand la sûreté publique n'est pa
compromise, si ceux qui sont intéressés à la conservation des bien
ne se plaignent pas, je ne pense pas que quelqu'autre personne ait l
droit de se plaindre.

Troisième Setion. — *Procédure en interdiction.*

L'interdiction produit des effets d'un telle gravité, que l'on compren sans peine les précautions dont le législateur a voulu l'entourer. Nous voyons d'abord que la demande en interdiction doit être portée devant le tribunal du domicile de la personne qu'on veut faire interdire. Elle est formée, non pas comme les demandes ordinaires, mais par une simple requête adressée au Président du tribunal, dans laquelle sont articulés les faits d'imbécillité, de démence ou de fureur (492-493). La requête doit, en outre, contenir les pièces justificatives dont on prétend faire usage, et l'indication des témoins qu'on veut faire entendre.

Le président ordonne la communication de la requête au ministère public, et commet un juge pour faire son rapport au jour indiqué. (Code de procédure, art. 891).

Sur le rapport du juge commis et les conclusions du ministère public à la chambre du conseil, le tribunal peut, sans plus ample instruction, rejeter la demande en interdiction, si les faits sur lesquels elle est fondée, ne lui paraissent pas pertinents, et que les pièces justificatives ne soient pas suffisantes. Il est alors inutile de prolonger la procédure et e consulter les parents.

Si, au contraire, le tribunal pense qu'il y a lieu de donner suite à la requête, il ordonne que le conseil de famille sera convoqué pour donner son avis sur l'état de la personne dont l'interdiction est demandée. (Code de procédure, art. 891 et 892). Ce conseil est formé selon le mode déterminé au titre de la tutelle. (Art. 407 et suiv). Mais ceux qui ont provoqué l'interdiction n'en peuvent faire partie n'y y assister. Cependant l'époux ou l'épouse et les enfants du défendeur en interdiction peuvent y être admis, sans y avoir voix délibérative. C'est ce que porte *évidemment* l'art. 495 du Code Napoléon. De la contexture de cet article, il résulte clairement, d'après moi, et contrairement à l'opinion de quelques savants jurisconsultes, qu'en principe, les demandeurs en interdiction ne peuvent pas être admis au conseil; mais qu'il en est différemment du conjoint et des enfants, qui peuvent y être appelés, mais avec simple voix consultative. Le mot *cependant*, qui lie la seconde phrase de notre article à la première, fait voir assez la différence que le législateur a eu l'intention d'établir entre les parents du défendeur, et son conjoint et ses enfants. Cet article ne s'occupe nullement des parents, du conjoint et des enfants qui ne sont

point demandeurs en interdiction. J'en concluerai donc, et contrairement à l'opinion de M. Toullier, que les uns et les autres peuvent faire
partie du conseil avec voix délibérative. Je ne puis admettre les rai-
sons que ce savant et illustre jurisconsulte donne pour exclure l'époux,
l'épouse et les enfants, lors-même qu'ils ne poursuivent point l'interdiction : « *Il eût été peu convenable et peu moral*, dit-il, *de les mettre*
» *dans la cruelle obligation de prononcer sur l'état d'un père ou d'un*
» *époux malheureux et humilié, qu'ils doivent constamment entourer de*
» *soins, de respect et de tendresse* ». Mais si la loi avait vu là une atteinte à la morale, eût-elle donc permis aux enfants et à l'époux de
poursuivre l'interdiction de leur père ou de leur mère ou du conjoint?
La demande en interdiction n'est-elle pas un acte bien plus grave qu'un
simple vote dans le conseil de famille?

Le conseil de famille délibère dans la forme ordinaire. Il peut, s'il
le juge nécessaire, entendre, avant de donner son avis, soit le défendeur, soit le demandeur en interdiction. On ne pourrait, en effet, refuser au conseil de prendre tous les moyens qui peuvent lui paraître
propres à l'éclairer sur les faits sur lesquels il doit délibérer.

Si le conseil de famille, appelé à délibérer sur l'état d'une personne
prétendue en démence, est d'avis de rejeter la demande, celui qui
provoque l'interdiction pourra-t-il se pourvoir contre la délibération?
Je réponds affirmativement; et cela résulte du second alinéa de l'art.
883 du Code de procédure civile, ainsi conçu : « Le tuteur, subrogé-
» tuteur ou curateur, même les membres de l'assemblée, pourront se
» pourvoir contre la délibération du conseil de famille. »

Si le conseil est d'avis de l'interdiction, le tribunal interroge le défendeur à la chambre du conseil, en présence du ministère public. Mais
avant que cela ait lieu, il est bon de remarquer que le poursuivant
doit présenter une requête, avec l'avis du conseil de famille, pour
faire fixer le jour et l'heure de l'interrogatoire. Puis il doit signifier au
défendeur copie, tant de l'ordonnance du président rendue à cet
égard, que de la requête introductive, des pièces y annexées, et de
l'avis du conseil de famille (Code de procédure, art. 893), afin que le
défendeur puisse préparer ses réponses.

L'interrogatoire est fait non par un juge nommé à cet effet, mais par le tribunal tout entier (496), afin que les juges qui le composent, puissent juger par eux-mêmes de l'état, de la véritable situation du défendeur par les gestes qu'il fait, par l'attitude qu'il a, et par les réponses qu'il donne. Assurément ils pourront ainsi bien mieux s'éclairer, que par la simple lecture d'un procès-verbal.

Nous voyons que l'interrogatoire a lieu en la chambre du conseil, et non dans la salle ordinaire où le tribunal tient ses séances publiques. Quel en doit être le motif? C'est que la loi a craint avec raison que la présence du public ne troublât et n'affectât trop vivement la personne dont l'interdiction est demandée, lorsque déjà elle est assez affligée de se voir soumise à une épreuve aussi pénible et aussi humiliante pour elle.

Si le défendeur en interdiction ne peut se présenter, il est interrogé là où il se trouve par un juge à ce commis, assisté du greffier. Dans ce cas, comme dans le premier, la loi exige (496) que le Procureur impérial soit présent à l'interrogatoire : elle a voulu entourer le défendeur d'une protection toute particulière. Elle a craint que ses intérêts ne fussent compromis.

Le tribunal peut faire, selon les circonstances, un ou plusieurs interrogatoires. Si le premier parait insuffisant, il peut, sur les conclusions du ministère public, et avant de passer à un second, commettre, s'il y a lieu, un administrateur provisoire, pour prendre soin de la personne et des biens du défendeur (497-515). On comprend, en effet, l'utilité d'une pareille mesure en certains cas; mais on comprend aussi que cette nomination ne doit être faite que dans les cas de nécessité, où il est urgent de pourvoir à cette administration. Car il faut éviter, autant que possible, les frais occasionnés par les suites de cette nomination.

Si l'interrogatoire et les pièces produites ne sont pas de nature à éclairer suffisamment les juges, le tribunal, si d'ailleurs les faits peuvent être justifiés par témoins, peut ordonner une enquête contradictoire qui se fait dans la forme ordinaire : cependant, il peut ordonner, si les circonstances l'exigent, que l'enquête sera faite hors de la présence du défendeur ; mais, dans ce cas, son conseil peut le représenter. C'est ce qui est formellement déclaré par l'art. 893 du Code de procédure civile.

Le tribunal peut, suivant les circonstances, ou prononcer l'interdiction, ou la rejeter purement et simplement. Néanmois, tout en la rejetant, il peut, s'il y a lieu, ordonner que le défendeur ne pourra désormais plaider, transiger, emprunter, recevoir un capital mobilier, ni en donner décharge, aliéner ni grever ses biens d'hypothèques, sans l'assistance d'un conseil qui lui sera nommé par le même jugement, (art. 499). Il se peut, en effet, que le défendeur ne soit ni assez privé de ses facultés intellectuelles pour le priver entièrement de l'exercice de ses droits, ni assez sain d'esprit pour le lui laisser dans toute sa plénitude. Il est bon alors que le tribunal prenne un juste milieu; et c'est avec raison que le législateur lui a donné, dans ce cas, le pouvoir de prononcer une demi-interdiction, c'est-à-dire une interdiction limitée à certains actes.

Le jugement ne peut être rendu qu'à l'audience publique, les parties entendues ou appelées et sur les conclusions du ministère public (498-515). Il importe, au reste, qu'il soit public et connu, soit dans l'intérêt du défendeur lui-même, si la demande a été repoussée, soit dans l'intérêt des tiers, si l'interdiction a été prononcée. De là la disprsition de l'art. 498 précité.

Le jugement, quel qu'il soit, est susceptible d'appel. L'interdiction prononcée, l'appel est accordé au défendeur; il est dirigé contre le provoquant (Code de procédure, art. 894). Si la demande en interdiction est rejetée, le droit d'appeler, nous l'avons déjà dit, appartient au provoquant, et de plus à tout membre du conseil de famille. L'appel est dirigé contre le défendeur.

La Cour impériale peut, si elle le juge nécessaire, ordonner que la personne prétendue en démence sera de nouveau interrogée. L'interrogatoire est fait par la cour elle-même, ou bien par un commissaire nommé à cet effet; mais il n'est pas nécessaire que le juge délégué soit pris dans son sein. Il pourrait arriver que l'éloignement du malade ne le permit pas. Il est bon de remarquer que le Code n'exige pas ici la présence du procureur-général.

L'arrêt, comme le jugement, doit être rendu à l'audience publique pour les mêmes motifs que nous avons donnés plus haut.

L'interdiction produit son effet du jour du jugement (502). Aussi, le

Code exige-t-il que tout jugement portant interdiction, quand même il y aurait appel, soit signifié à l'interdit et inscrit, dans les dix jours, sur les tableaux qui doivent être affichés dans la salle de l'auditoire et dans les études des notaires de l'arrondissement (501). Ces affiches sont faites pour avertir les tiers qne l'interdit est désormais incapable de gérer lui-même ses affaires, et qu'ainsi tous les actes qu'il pourra faire seront nuls de droit (502).

Ici trouve sa place une question qui a bien son importance. Le tribunal, en refusant l'interdiction, peut-il condamner le demandeur en des dommages et intérêts envers le défendeur? — A cette question je réponds affirmativement sans la moindre hésitation, bien que le Code soit muet à cet égard. Et voici ma raison de décider. — Dans le projet du Code, on avait proposé un article qui portait que : « *le demandeur en interdiction qui succombe, doit être condamné en des dommages et intérêts, s'il n'a agi que par intérêt ou par passion.* » Mais cet article, bien que dicté, il faut le reconnaître, par la raison et l'équité, fut néanmoins retranché. On le regarda comme inutile, parce que la règle qu'il établissait, était de droit commun; et on craignit qu'il n'induisit les tribunaux à croire qu'il faut condamner à des dommages et intérêts même les demandeurs en interdiction qui succombent dans les cas qui ne sont pas jugés assez graves pour que l'interdiction soit prononcée. Mais reste toujours que dans la pensée du législateur un pouvoir discrétionnaire devait être laissé aux juges à cet égard. La question proposée doit donc être résolue affirmativement, et non négativement, n'en déplaise à quelques jurisconsultes fort estimables d'ailleurs.

CHAPITRE II.

DES EFFETS DE L'INTERDICTION.

L'interdiction prononcée rend l'interdit incapable des actes de la vie civile. Elle l'assimile au mineur non émancipé (502-509). — Elle le rend, par conséquent, incapable de gouverner lui-même sa personne et ses biens, qu'elle place sous l'administration d'un tuteur.

PREMIÈRE SECTION. — *Incapacité de l'interdit.*

La loi assimile l'interdit au mineur pour sa personne et pour ses biens; et cette similitude, établie par l'art. 509 du Code Napoléon, se trouve développée dans une foule de dispositions qu'il est bon de rapprocher. — L'interdit, comme le mineur, est privé de l'exercice des droits politiques ou de citoyen français. Le mineur est représenté par son tuteur dans tous les actes de la vie civile (450); il en est de même de l'interdit. D'où la conséquence que le domicile de l'un comme de l'autre est établi chez leur tuteur (108.) — L'interdit et le mineur sont incapables de contracter (1124); mais cette incapacité, qui leur est tout-à-fait relative, ne peut être opposée par les personnes capables de s'engager qui ont contracté avec eux (1125). Mais tout le monde sait que personne ne peut s'enrichir aux dépens d'autrui : Aussi, il est évident que l'interdit et le mineur, qui font annuler et rescinder leurs engagements, sont obligés de restituer les sommes qu'ils ont reçues, si toutefois il est prouvé qu'elles ont tourné à leur profit (1312). — Les successions échues, soit au mineur, soit à l'interdit, ne peuvent être acceptées par leur tuteur, sans l'autorisation du conseil de famille, et seulement sous bénéfice d'inventaire (461 - 776). — La même autorisation est nécessaire pour l'acceptation des donations (935).—Les mêmes formalités sont exigées dans les partages où sont intéressés, soit des mineurs, soit des interdits (838). — Ni l'un ni l'autre ne peuvent aliéner ou hypothéquer leurs immeubles (499). Les immeubles d'un mineur ou d'un interdit ne peuvent être mis en vente par expropriation forcée avant la discussion du mobilier (2206). — La prescription ordinaire ne court ni contre le mineur, ni contre l'interdit (2252). Le délai de la rescision ne court contre le mineur que du jour de sa majorité, et contre l'interdit que du jour de la main levée de l'interdiction (1304). Enfin, l'un et l'autre sont également placés sous la protection spéciale du procureur impérial, qui doit être entendu dans toutes les causes où ils sont intéressés (C. de Pr., art. 83.)

La loi, disons-nous, assimile l'interdit au mineur, quant à sa personne et à ses biens. Il faut le dire, cependant, l'incapacité de l'in-

terdit est de sa nature plus absolue que celle du mineur. Et en effet,
1° le mineur peut se marier avec le consentement de ses ascendants
ou du conseil de famille (148); l'interdit, au contraire, ne le peut
pas (174), tandis que dure l'interdiction; 2° le mineur, âgé de seize
ans accomplis, peut disposer par testament de la moitié des biens
dont il pourrait disposer s'il était majeur (904); l'interdit est incapable de tester à moins que, selon nous et contrairement à la jurisprudence de la Cour de cassation et à l'opinion de la plupart des docteurs,
il ne se trouve dans un intervalle lucide (ce que nous démontrerons
plus tard); 3° le mineur, assisté de ceux qui doivent consentir à son
mariage, peut donner, par son contrat de mariage, tout ce que la loi
permet à l'époux majeur de donner à l'autre conjoint (1095-1309-
1398). L'interdit, ne pouvant se marier, est privé de cette faculté ;
4° l'interdit ne peut être tuteur ni membre d'un conseil de famille
(442); le mineur, au contraire, est tuteur de droit de ses enfants ;
5° les actes faits par le mineur lui-même, et en dehors de sa capacité
ne sont, en principe, annulables que pour cause de lésion. « *Restitui-*
» *tur non tanquan minor*, *sed tanquam lœsus*, » voilà la maxime qui
lui est applicable. Ainsi, lorsqu'il agit en nullité d'un acte, il doit,
pour réussir, prouver : 1° qu'il a fait cet acte pendant sa minorité ;
2° que cet acte l'a constitué en perte. Dans ce cas, au contraire, l'interdit n'a qu'une chose à prouver, savoir : que l'acte dont il demande
la nullité a été fait *pendant son interdiction.*

Les incapacités de l'interdit, avons-nous dit plus haut, sont des
nullités relatives qui ne peuvent être opposées par les personnes capables de s'engager qui ont contracté avec lui. A ne consulter que l'article (502), qui porte : « Tous actes passés par l'interdit sont nuls de
» droit, » on dirait qu'il n'en est nullement ainsi. Ces expressions,
nuls de droit, prises à la lettre, signifieraient, au contraire, que les
actes qui émanent d'un interdit sont *nuls*, absolument *inexistants;*
en sorte que la nullité dont ils sont infectés serait : 1° *absolue* ou
générale, c'est-à-dire opposable, non-seulement par l'interdit, mais
par ceux qui ont traité avec lui; 2° *perpétuelle*, c'est-à-dire opposable
en tout temps.

Telle n'est pas pourtant la pensée de la loi. Les actes faits par un

3

interdit ne sont point *nuls* ou *inexistants;* ils ne sont qu'annulables. Si nous nous reportons, en effet, aux dispositions des articles 1125 et 1304 du Code Napoléon, au titre des *contrats et obligations,* nous voyons que la nullité qui les entache est simplement *relative* et *temporaire*. Voici ce que portent ces articles :

« Le mineur, l'interdit et la femme mariée ne peuvent attaquer,
» pour cause d'incapacité, leurs engagements que dans les cas prévus
» par la loi. Les personnes capables de s'engager ne peuvent opposer
» l'incapacité du mineur, de l'interdit ou de la femme mariée avec
» qui elles ont contracté (1125). Dans tous les cas où l'action en nul-
» lité ou en rescision d'une convention n'est pas limitée à un moindre
» temps par une loi particulière, cette action dure dix ans (1304). »

On ne peut donc regarder les incapacités de l'interdit comme des nullités absolues. Il faudra les faire prononcer par les tribunaux, en connaissance de cause, dans le délai de dix ans à compter de la main-levée de l'interdiction ou de la mort de l'interdit. Après ce temps, la nullité est couverte : il y a prescription (1304).

Sous ce double rapport, les actes faits par un interdit sont assimilés à ceux qui émanent d'un mineur; mais ils diffèrent en un point, et c'est précisément cette différence que la loi entend indiquer, lorsqu'elle dit que les actes faits par l'interdit sont *nuls de droit*. Les actes faits par un mineur ne sont annulables que pour cause de lésion : « *Restituitur non tanquam minor, sed tanquam læsus.* » Voilà, nous l'avons déjà dit, la maxime applicable au mineur; les actes, au contraire, qui émanent d'un interdit sont *nuls de droit*, en ce sens qu'ils peuvent être annulés pour cause d'incapacité, indépendamment de toute lésion et que les juges ne peuvent même se dispenser de prononcer cette annulation.

Ce que nous venons de dire s'applique également à celui qui a été frappé d'une demi interdiction : tous les actes qu'il fait seul, et pour lesquels la loi exigeait l'assistance du conseil qui lui a été donné, sont *nuls de droit*.

L'incapacité de l'interdit ne dérive pas du jugement qui prononce l'interdiction, mais de l'état de celui contre qui elle est prononcée, et que la nature avait d'avance rendu incapable de contracter, en le privant de l'usage de sa raison. Ce n'est donc pas le jugement d'interdiction qui établit l'incapacité. Le jugement n'est que déclaratif d'un fait préexistant au moment où il a été rendu ; c'est-à-dire de l'état d'imbécillité, de démence ou de fureur dans lequel l'interdit se trouvait déjà à l'époque de la demande en interdiction. Son effet doit donc naturellement se porter sur le passé, et remonter au temps précis où la cause d'incapacité a commencé ; je veux dire au moment où l'interdit est tombé en démence.

Néanmoins, la loi établit une différence essentielle entre les actes consentis depuis le jugement, et ceux consentis avant ou pendant l'instance. L'effet de l'interdiction sur les actes postérieurs est bien plus grand, bien plus radical, que sur les actes antérieurs. A l'égard des premiers, l'incapacité étant prouvée par l'interdiction, leur nullité est de plein droit (art. 502). On ne peut plus les valider, même en offrant de prouver qu'ils ont été passés dans un intervalle lucide (1352). La loi établit ici une présomption légale d'incapacité *juris et de jure,* contre laquelle nulle preuve contraire ne saurait être admise. Aussi, les juges, lorsque la nullité de ces actes est demandée par l'interdit ou par ses représentants, ne peuvent faire autrement que la prononcer, lorsqu'on leur apporte la preuve qu'ils ont été faits depuis l'interdiction, et avant que l'interdit en ait obtenu la main levée. Alors la question soulevée est une pure question de dates.

La théorie n'est plus la même quant aux actes antérieurs à la demande en interdiction. Pour ceux-ci, leur nullité dépend d'une preuve à faire. Ils sont donc présumés valables. La preuve contraire reste à la charge du demandeur en nullité (503). Ces actes peuvent avoir été passés dans un temps où l'interdit jouissait de la plénitude de sa raison, comme de l'intégrité de son état. Ils peuvent aussi l'avoir été depuis qu'il est tombé en démence. La loi ne pouvait donc ni les déclarer nuls, ni les déclarer valides : c'est au magistrat seul qu'il devait appartenir de les juger, d'après les faits et les circonstances. D'après la disposition de l'art. 503, qui porte : « Les actes antérieurs à » l'interdiction pourront être annulés, si la cause de l'interdiction » existait notoirement à l'époque où ces actes ont été faits, » nous voyons que trois conditions sont requises pour les faire annuler :

1° qu'il y ait interdiction ; 2° que la cause de l'interdiction ait existé à l'époque de l'acte; 3° que cette cause ait été notoire.

Celui qui constracte avec un individu notoirement en démence, est un homme de mauvaise foi. Cependant la démence ou la cause de l'interdiction a pu exister sans être généralement connue. L'homme en démence, d'ailleurs, peut avoir des intervalles lucides. L'acte peut donc avoir été passé dans la bonne foi avec un individu qui, quoique le plus souvent en démence, jouissait, en ce moment, de l'exercice de ses facultés intellectuelles, et se trouvait ainsi très capable d'une volonté réfléchie. Ce sera donc à ceux qui attaqueront les actes passés par un interdit avant le jugement d'interdiction, à prouver non-seulement que la cause de l'interdiction remonte à cette époque, mais encore qu'elle était notoire; et cette notoriété peut être prouvée par tous les genres de preuves admis en justice, sauf au défendeur à prouver le contraire, et surtout sa bonne foi, qui doit être d'un très grand poids auprès des juges.

Il est bon de remarquer que, quoique cette triple preuve soit faite, la nullité de l'acte n'est pas encore certaine. La loi ne dit point, en effet, qu'elle devra être prononcée; elle dit seulement qu'elle pourra l'être : elle n'impose pas un devoir aux juges; elle leur confère une faculté, c'est-à-dire un pouvoir discrétionnaire. C'est à eux à peser toutes les circonstances qui ont précédé ou accompagné l'acte, sa nature et ses conséquences plus ou moins dommageables, la bonne foi plus ou moins grande des tiers contractants. La notoriété de l'état d'imbécillité, de démence ou de fureur de la personne avec laquelle ils ont contracté, fait, il est vrai, présumer qu'ils connaissaient son incapacité; mais elle n'exclut pas absolument la possibilité de leur bonne foi; il se peut, en effet, comme nous l'avons déjà dit, que l'acte ait été fait pendant un intervalle lucide. La loi n'établit, à cet égard, qu'une simple présomption qui peut être détruite par toute espèce de preuves contraires.

Il nous reste à parler des actes consentis depuis la demande jusqu'au jugement d'interdiction. Quant à ces derniers, il y a présomption simple de nullité; il est facile de le comprendre; mais cette présomption peut être détruite également par toute preuve contraire.

Les art. 502 et 503 supposent que l'interdiction a été prononcée. Mais quel serait le sort des actes passés par un insensé non interdit? En règle générale, ces actes sont nuls par défaut de *consentement;* car la démence est *destructive* du *consentement;* et si nous nous reportons à l'art. 1108 du Code Napoléon, nous voyons qu'il est la première des conditions essentielles à la validité des contrats. Mais plusieurs exceptions pourront s'élever contre l'action en nullité.

PREMIÈRE EXCEPTION. — *L'acquiescement* des personnes intéressées.

SECONDE EXCEPTION. — Un *long silence* de leur part. Le long temps qui s'est écoulé entre les actes attaqués et la cause d'interdiction alléguée, ne peut être considéré, à la vérité, que comme un préjugé très fort en faveur de leur validité. La société ne peut pas souffrir, au reste, du retard que les parents ont mis à provoquer l'interdiction; eux-mêmes ne sauraient s'en plaindre, car c'est leur propre fait;

TROISIÈME EXCEPTION. — La *mort* du contractant supposé en démence.

L'art. 504 n'a prévu que cette dernière exception. Voici, en effet, ce que porte la disposition de cet article :

« Après la mort d'un individu, les actes par lui faits ne pourront
» être attaqués pour cause de démence, qu'autant que son interdic-
» tion aurait été prononcée ou provoquée avant son décès, à moins
» que la preuve de la démence ne résulte de l'acte même qui est atta-
» qué. »

Si donc une personne meurt dans la paisible possession de son état, et que cependant elle se trouve, par le fait, privée de ses facultés intellectuelles, tous les actes qu'elle pourra avoir passés, pendant sa démence, ne pourront être nullement attaqués après sa mort. La loi a voulu punir, on le comprend, la négligence de ses héritiers qui n'ont pas agi dans le temps que leur action pouvait lui être si utile. C'est avec raison, d'ailleurs, qu'elle repousse leur demande tardive, dont la légitimité ne saurait plus être constatée par la preuve la plus naturelle, la seule non équivoque en pareil cas, je veux dire, par l'examen de la personne prétendue en démence. Elle présume, à bon droit, qu'elle a joui, jusqu'au dernier moment, de la plénitude de sa raison, dès lors que ses parents n'ont pas osé, pendant sa vie, intenter contre elle une demande en interdiction. Elle établit une présomption légale de validité *juris et de jure* contre laquelle nulle preuve contraire ne saurait prévaloir.

Les actes consentis par une personne décédée, l'art. 504 nous le dit, ne pourront être attaqués que dans le cas où l'interdiction aura été prononcée ou du moins provoquée avant son décès. Ses héritiers, dans ce cas, ne sont nullement en faute ; ils ne peuvent pas , par conséquent, être privés de leur droit. Leur action est donc conservée ; ils peuvent alors attaquer les actes faits par le défunt, tant avant que depuis la demande en interdiction, comme ils l'auraient pu faire, si l'interdiction avait été prononcée. Je n'ai pas besoin d'ajouter que les tribunaux auront un pouvoir tout-à-fait discrétionnaire pour les annuler ou les maintenir suivant les circonstances.

Disons, en outre , que la demande en interdiction, formée avant la mort du contractant prétendu en démence, ne doit être ni abandonnée, ni périmée, pour que ses héritiers soient admis à provoquer l'annulation des actes qu'il pourra avoir consentis pendant sa vie.

Une seconde exception est prévue par l'art. 504 du Code Napoléon. Cette exception est le cas où la preuve de la démence résulte de l'acte même qui est attaqué. La preuve de l'incapacité résultant du propre fait du défunt, il serait injuste , pour ne pas dire impossible, de maintenir des dispositions qui ne sont le fruit que de la démence ou la folie. C'est donc avec raison, il faut le reconnaître, que la loi a encore admis cette exception au principe qu'elle avait consacré.

Nous venons de voir que les actes consentis par un insensé non interdit ne pouvaient point être attaqués après sa mort, (art. 504). Et nous avons dit, pour expliquer la raison de la loi, que la personne dont on attaque les actes n'étant plus là pour être interrogée, il serait alors impossible de résoudre avec certitude le problème de sa capacité.

Mais à cela quelques auteurs fort recommandables ont objecté avec quelque raison, que, lorsque l'auteur des actes qu'on attaque est mort après que l'interdiction a été provoquée , mais avant qu'elle ait été prononcée, la loi permet de les annuler pour cause de démence, quoique cependant leur auteur ne soit plus là pour fournir les renseignements dont on aurait besoin pour résoudre la question de savoir s'il était ou non sain d'esprit au moment de l'acte attaqué ;

Nous avons dit encore, toujours pour justifier la disposition de la loi, que les héritiers qui prétendent qu'il était dans un état habituel et notoire de démence au moment des actes qu'ils attaquent, sont en faute de ne l'avoir pas fait interdire dans un moment où leur action aurait pu lui être d'une si grande utilité; et qu'il est juste qu'ils subissent la peine de leur négligence.

Mais à cette dernière raison les mêmes auteurs répondent qu'on ne peut reprocher aucune faute, ni à ses enfants, s'ils étaient impuissants à agir, à cause de leur âge peu avancé; ni à ses légataires, ni à ses créanciers, puisqu'ils n'avaient point qualité pour provoquer son interdiction; et cependant ces personnes, si irréprochables qu'elles soient, sont soumises à l'application rigoureuse de notre art. 504.

Or, suivant ces personnes, voici quel serait le véritable motif de la loi : « Les héritiers ou ayant-cause d'une personne décédée sont naturellement portés à attaquer les actes qu'elle a faits à leur préjudice, en son vivant; et par suite ils prétendent qu'à l'époque où elle les a faits, elle n'était pas dans la plénitude de sa raison. La loi a voulu tarir cette source de procès; et c'est uniquement dans ce but qu'elle n'a voulu admettre d'autre preuve de la démence que celle qui résulte de l'acte même dont on demande l'annulation (M. Val. sur Proud. II. page 542).

Ces deux objections m'ont paru assez fondées pour ne pas les passer sous silence; et j'ai cru utile et indispensable de faire connaître l'opinion de ceux qui les opposent, pour expliquer la véritable raison de la loi. Car, suivant que l'on adopte l'un ou l'autre des deux systèmes que je viens de faire connaître, on résoudra affirmativement ou négativement une question assez importante, qui se rattache à cette matière.

QUESTION. — La prohibition établie par l'art. 504 est-elle absolue? Est-elle applicable au cas où une personne, prétendue en démence, n'a jamais été en état d'être interdite; c'est-à-dire lorsqu'elle a été seulement atteinte d'une folie purement accidentelle et momentanée? Par exemple, une personne est décédée; son héritier demande la nullité d'un de ses actes, et soutient qu'au moment où elle l'a fait, elle ne jouissait point de l'exercice de sa raison, et qu'elle se trouvait dans un état complet d'ivresse, ou dans un accès de fièvre délirante. Pourra-t-il être admis à faire cette preuve? Et s'il réussit, l'acte devra-t-il être annulé?

Les auteurs qui pensent que la prohibition de l'art. 504 est fondée sur ce motif que les héritiers qui n'ont point, en temps utile, provoqué l'interdiction de leur parent, ont commis une faute dont ils doivent supporter la peine, se décident pour l'affirmative. Aucune faute, disent-ils, ne saurait leur être imputée dans l'espèce; car ils n'ont point dû, pour ne pas dire, ils n'ont point pu provoquer l'interdiction, attendu que leur parent n'était point dans un état habituel de démence ou de fureur; or, ils sont, en ce cas, parfaitement irréprochables; ils ne doivent, par conséquent, pas être punis (MM. Proudhon, ɪ, pag. 539; Bug. etc. sur l'art. 504).

La négative est, au contraire, suivie par ceux qui soutiennent que l'art. 504 a principalement pour but de tarir la source des procès. Si les héritiers étaient admis à alléguer et à prouver que leur parent était, au moment où il a fait tel ou tel acte, privé accidentellement de sa raison, on ne fermerait point la porte aux procès que la loi a voulu éviter (M. M. Val. sur Proudhon, ɪɪ, pag. 539; Demo., vɪɪɪ, n° 660).

C'est ici le lieu où doit trouver sa place une question fort délicate et vivement controversée. La prohibition de notre art. 504 s'applique-t-elle à toute espèce d'actes, c'est-à-dire même aux donations entre vifs et aux testaments? En d'autres termes, si une donation, si un testament a été fait, pourra-t-on être admis à prouver, contrairement au principe consacré par l'art. 504, que le donateur ou le testateur n'était point sain d'esprit au moment où l'acte a été fait? La question, comme on peut le comprendre, est fort grave et fort délicate. Pour moi, je n'hésite pas à me décider pour l'affirmative, conformément à la jurisprudence de la Cour de cassation, et contrairement à l'opinion de quelques estimables Docteurs. Si je me reporte, en effet, à l'art. 901 du Code civil, au titre des donations et testaments, je vois que pour faire une donation entre vifs ou un testament, il faut être *sain d'esprit*. Or voici en quels termes est conçu cet article : « Pour faire une donation entre » vifs ou un testament, il faut être sain d'esprit. » Le législateur, et c'est, au reste, l'opinion la plus généralement reçue, a voulu ici établir une dérogation au principe qu'il avait posé au titre de l'interdiction, et consacré par la disposition de l'art. 504. Et je puise ma raison de décider principalement sur un argument historique des plus invincibles. Lorsque le projet du Code fut soumis à la discussion du Conseil d'État, l'art. 901 était ainsi conçu : « Il faut être sain d'esprit pour faire » une donation ou un testament. Ces actes ne peuvent être attaqués » pour cause de démence que dans les cas et de la manière prescrite » par l'article 504. » Mais ce dernier alinéa fut critiqué par le consul Cambacérès, et retranché sur ses observations; il ne resta de cette disposition que le premier membre aujourd'hui reproduit dans notre Code. De là donc nous conclurons, avec la Cour de cassation et mon honorable et savant professeur de Code civil, M. Delpech, que la règle établie par l'art. 504 n'est nullement applicable aux donations ou aux testaments. On pourra donc être admis à prouver que le donateur ou testateur se trouvait en démence, au moment de la donation ou du testament, et par suite à faire annuler ces actes qui sont le fruit de la folie. Il n'y a point ici de présomption légale de validité *juris et de jure,* contre laquelle nulle preuve contraire ne peut être admise. (Voir les arrêts de la Cour de cassation, des 22 nov. et 19 déc. 1810, Syrey, pag. 73 et suiv).

Un autre argument à l'appui de mon opinion se tire de la combinaison de l'art. 504 avec l'art. 503. Aux termes de l'art. 503, les actes antérieurs à l'interdiction peuvent être annulés « lorsque la cause de » l'interdiction existait notoirement à l'époque où ils ont été faits. » Les tiers qui ont contracté avec une personne qui est publiquement connue comme folle, sont évidemment en faute d'avoir traité avec elle ! Le mot *actes,* dont se sert l'art. 503, y est employé comme synonyme des mots *contrats, conventions;* car, quant aux testaments, qu'importe que le légataire ait su ou pu savoir que le testateur était en démence ? Or, l'art. 504, qui suit immédiatement l'art. 503, s'occupe sans doute des mêmes actes; il est, en effet, impossible de ne pas voir entre ces deux textes une relation intime : Donc, il faut en conclure que l'art. 504 ne s'applique pas aux testaments ! Et s'il n'est pas applicable aux testaments, il ne l'est pas davantage aux donations : car, on le sait les mêmes règles les régissent (M. Val., notes sur Proudhon, T. ii, pag. 543).

Dans un autre système, on soutient que l'art. 901 ne déroge pas à l'art. 504. Et voici comme l'on résonne : « Les actes, qui ne portent
» pas en eux-mêmes la preuve de la folie, ne peuvent point être atta-
» qués par les héritiers de la personne qui les a consentis, si son
» interdiction n'a pas été prononcée ou provoquée avant son décès ;
» l'art. 504 ne distingue pas entre les actes à titre onéreux et les dona-
» tions et testaments : la règle qu'il établit est générale et absolue ;
» elle s'applique donc aux donations et testaments comme aux actes
» à titre onéreux. Qu'on ne dise pas qu'en établissant qu'il faut être
» sain d'esprit pour donner ou léguer, l'art. 901 déroge à l'art. 504 ;
» car, s'il en était ainsi, il faudrait dire aussi que l'art. 504 ne s'ap-
» plique pas aux contrats à titre onéreux, puisque, aux termes de
» l'art. 1108, il faut également consentir, et, par conséquent, être
» sain d'esprit pour contracter valablement.

« Quel est donc alors le sens et l'objet de l'art. 901 ? Le voici :
» l'art. 504 s'occupe des actes faits par une personne qui aurait pu
» être interdite en son vivant, c'est-à-dire qui était dans un état habi-
» tuel de démence, de fureur ou d'imbécillité (art. 504 et 489 combi-
» nés); les actes, quelle que soit leur nature, ne peuvent pas être at-
» taqués par ses héritiers, parce qu'en négligeant de faire prononcer
» ou au moins de provoquer son interdiction, ils ont tacitement re-
» connu qu'elle était saine d'esprit.

» Mais il se peut qu'une personne qui ne se trouve pas dans un état
» habituel de démence, de fureur ou d'imbécillité soit momentané-
» ment privée de sa raison par quelque cause accidentelle, par exem-
» ple, par l'ivresse ou par une fièvre délirante, par une passion si
» violente et si aveugle, ou par une volonté si énergique et si domi-
» nante, qu'elle ne soit plus maîtresse de ses facultés; il se peut qu'aux
» approches de la mort ses facultés intellectuelles aient été affaiblies
» par une longue et douloureuse maladie : l'art. 504 cesse alors d'être
» applicable; car, dans ces différentes hypothèses, l'interdiction n'é-
» tant pas possible, on ne peut pas reprocher aux héritiers de ne
» l'avoir pas fait prononcer ou au moins provoquée. Les actes faits
» dans ces circonstances peuvent, quelle que soit leur nature, qu'ils
» soient à titre gratuit ou à titre onéreux, être attaqués, soit par la
» personne qui les a faits, soit par ses héritiers.

» Ainsi, l'art. 901 est étranger aux donations ou testaments faits
» par une personne en état habituel de démence, de fureur ou d'im-
» bécillité; cette hypothèse est régie par l'art. 504. Le premier ne rè-
» gle que les donations ou testaments faits par une personne qui était,
» au moment où elle a disposé, momentanément privée de ses facultés
» intellectuelles; et la règle qu'il établit n'est pas propre aux actes à
» titre gratuit; c'est une règle de droit commun. Si elle a été écrite au
» titre des donations et testaments, c'est que l'expérience a montré
» au législateur que c'est surtout en cette matière qu'elle est utile. On
» sait, en effet, que ceux qui veulent bénéficier de l'ivresse, du délire
» d'une personne, ou de l'affaiblissement de ses facultés par suite de
» l'approche de la mort, sollicitent plus naturellement des libéralités
» qu'un consentement à des actes à titre onéreux (M. Bug.) ».

Avant de passer à la tutelle des interdits, il convient de résoudre une
autre question, qui a aussi son importance, et qui est aussi vivement
controversée. Cette question, qui se rattache à celle que nous venons
de traiter, la voici : Un interdit peut-il ou non faire une donation ou
un testament dans un intervalle lucide?

La Cour de cassation, nous l'avons dit, a résolu la première question d'une manière affirmative : quant à la seconde, elle la résout, au
contraire, avec la plupart des auteurs, d'une manière négative. D'a-
près son système, tout acte, quel qu'il soit, fait pendant l'interdiction,
est réputé fait en temps d'incapacité. La présomption établie par l'art.
502 est une présomption *juris et de jure* contre laquelle nulle preuve
contraire ne saurait prévaloir. L'interdit est donc complètement incapable de tout acte de la vie civile, tant que l'interdiction n'a pas été
levée.

Pour moi, je ne puis me ranger ici du côté de la Cour de cassation.
Je partage, en cette question, l'opinion de mon savant professeur, qui
se décide pour l'affirmative. La loi, dans l'art. 901 a voulu, d'après
moi, non seulement déroger à l'art. 504, mais encore au principe posé
par la disposition de l'art. 502. L'interdit a besoin, tout le monde le
sait, qu'on lui accorde une surveillance toute particulière; il a besoin
qu'on l'entoure de soins nombreux. S'il vient à recouvrer ses facultés
intellectuelles, s'il rentre dans la plénitude de sa raison, il voudra

sans doute récompenser les personnes dévouées qui lui prodiguent, pendant les accès de sa maladie, leurs soins empressés et bienveillants; qui lui accordent cette protection et cette surveillance sans lesquelles il pourrait se trouver, à chaque instant, exposé aux plus grands dangers. Le législateur, je le demande, a-t-il pu vouloir lui enlever la faculté de récompenser ses bienfaiteurs, ou pour mieux dire, ses sauveurs? N'est-il pas naturel de penser, au contraire, qu'il a voulu lui laisser un droit aussi sacré, aussi précieux pour lui? Pour nous, nous ne croyons pas que le législateur ait eu l'intention d'étendre le principe consacré par l'art. 502 aux libéralités faites par l'interdit dans un intervalle lucide. Cela nous paraîtrait trop contraire à la raison et au simple bon sens.

DEUXIÈME SECTION. — De la tutelle des interdits.

L'interdit, de même que le mineur, doit être mis en tutelle : la tutelle de l'interdit est régie par les mêmes règles que celles qui régissent la tutelle des mineurs. Cela résulte de la disposition de l'art. 509, ainsi conçu : « L'interdit est assimilé au mineur, pour sa personne et » pour ses biens : les lois sur la tutelle des mineurs s'appliqueront à » la tutelle des interdits. » Il existe, cependant, entre ces deux tutelles, quelques différences, qu'il est bon de faire connaître :

Tout interdit, même celui qui a encore ses père et mère, doit recevoir un tuteur. La loi ne distingue pas.

Le Code n'a point étendu au cas de l'interdiction la tutelle, soit naturelle, soit légitime des ascendants. La tutelle des interdits est toujours déférée par le conseil de famille, art. 505. Une seule exception, prévue par l'art. 506, est relative au mari, qui, de plein droit, devient tuteur de sa femme interdite. La puissance maritale s'étend sur la personne et les biens. La loi défère au mari, l'administration des biens personnels de la femme (1428); elle est obligée de le suivre partout où il veut aller; elle ne peut avoir d'autre domicile que celui du mari. Une pareille puissance est inconciliable avec l'autorité d'un tuteur; le mari est donc de droit le tuteur de sa femme interdite (506). — Hors ce cas unique, la tutelle des interdits est dative (voir un arrêt de la Cour de cassation, rendu sur les conclusions de M. Merlin, le 11 mars 1812, Sirey, tom. XII, 1ʳᵉ partie, pag. 217); et les incapacités, ainsi que les exclusions des personnes qui peuvent être nommées, sont les mêmes que pour la tutelle des mineurs (505).

La tutelle n'est pas réciproquement déférée à la femme dont le mari est interdit. La femme, en principe, on le sait, est incapable de la tutelle; les exceptions apportées à cette règle par l'art. 442, n'ont trait qu'à la mère ou aux ascendantes des mineurs. Le Code, cependant, a fait cesser son incapacité à l'égard du mari tombé en démence, comme à l'égard des enfants ou petits-enfants; il déclare formellement qu'elle peut être choisie pour tutrice par le conseil de famille. Le législateur a présumé, comme le dit très-bien M. Toullier, que le malheureux accident arrivé au mari n'éteindra point dans son épouse les sentiments d'amour conjugal; qu'elle conservera pour lui ces soins délicats et affectueux qui lui deviennent plus nécessaires dans son malheur, et que rien ne peut remplacer.

Mais il pourrait bien arriver que quelques femmes ne conservassent point les mêmes sentiments : aussi, la loi n'a-t-elle pas voulu, avec raison, que la femme fût tutrice de droit de son mari. Elle veut seulement qu'elle puisse être nommée par le conseil de famille, en réglant les conditions de son administration, sauf, toutefois, le recours au tribunal, si la femme se trouve lésée par l'arrêté de famille (article 507).

Nous disons donc, qu'en nommant tutrice la femme de l'interdit, le conseil règle la forme et les conditions de l'administration, sauf le recours devant les tribunaux de la part de la femme qui se trouverait lésée par l'arrêté du conseil. Mais comment peut-elle être lésée? Elle n'a aucun droit à la tutelle. Le conseil de famille, qui peut ne pas la lui déférer, peut donc, à plus forte raison, en déterminer le réglement, lorsqu'il la lui défère !

Le conseil de famille, dit-on, doit, pour faire ce réglement, déterminer avec soin, d'après les conventions matrimoniales des époux, les droits qui appartiennent au mari, et ceux qui appartiennent à la femme, afin de savoir dans quels cas elle agira comme tutrice et au nom du mari, et dans quels cas elle le fera en son propre nom et pour son propre compte. Or, cette distinction, cette séparation des droits appartenant à l'un ou à l'autre des époux, peut être mal faite et nuire, par conséquent, à la femme. De là, le droit de recours.

Ajoutons que le réglement de la tutelle elle-même est nuisible à la femme dans le cas où le conseil a fixé, pour la dépense de la maison, une somme trop minime, eu égard à la fortune des époux. La femme, si elle n'était point tutrice, pourrait l'attaquer, puisqu'il l'intéresse personnellement ; pourquoi n'aurait-elle pas le même droit dans le cas où la tutelle lui a été déférée?

Si la femme est nommée tutrice, cette nomination renferme nécessairement le pouvoir d'administrer les biens du mari et ceux de la communauté, et par conséquent les siens propres. Elle n'a donc besoin d'aucune autorisation ; mais il faut remarquer qu'elle ne pourrait, sans une autorisation particulière de la justice, aliéner ni hypothéquer un de ses immeubles, accepter ni répudier une succession à elle échue, ni faire tout autre acte excédant les bornes d'une simple administration. Elle ne pourrait aliéner ni hypothéquer les biens personnels de son mari, sans observer toutes les formalités prescrites pour les mineurs.

— A quel moment peut être nommé le tuteur de l'interdit?

« S'il n'y a point d'appel du jugement d'interdiction rendu en pre-
» mière instance, on doit nommer à l'interdit un tuteur et un su-
« brogé-tuteur, suivant les règles prescrites au titre de la minorité et
« de la tutelle (505). » La nomination du tuteur ne peut, en principe, avoir lieu avant l'expiration des huit jours qui suivent le prononcé du jugement; car, pendant ce délai, le jugement n'est point susceptible d'exécution, art. 449 et 450 Cod. proc.; et, dans l'espèce, l'exécution du jugement consiste dans la nomination du tuteur. (Arrêt de la Cour de cassation, 13 octobre 1807). Dès l'expiration de cette huitaine, et pourvu que le jugement n'ait pas encore été frappé d'appel, le conseil de famille peut procéder à la nomination du tuteur.

Si l'appel est formé après la nomination, le tuteur ne doit point s'immiscer dans la tutelle; car ses pouvoirs sont en suspens et subordonnés au résultat ultérieur de l'appel. Les actes urgents d'administration sont faits alors par l'administrateur provisoire, qui a pu être nommé par le tribunal de première instance, ou, à son défaut, par celui que nomme la Cour impériale. Mais si l'appel a été formé avant la nomination du tuteur, on ne peut procéder à cette nomination qu'après l'arrêt confirmatif de l'interdiction, art. 457, Cod proc. En ce point, l'appel du jugement d'interdiction est suspensif, quoiqu'il ne le soit pas relativement aux incapacités imprimées à l'interdit. (Merlin, nouveau répertoire, voy. interdiction, pag. 395, n° 10 ; Locré, pag. 463 et 464, tom. vi). Toutefois, remarquons que le conseil de famille peut nommer le tuteur immédiatement après le jugement, et nonobstant appel, lorsque le jugement a été déclaré exécutoire par provision, conformément à l'art. 135 du Code de proc. civ.

Durée de la tutelle. — La tutelle des mineurs a un terme fixé, celui de leur majorité ou de leur émancipation. Celle des interdits n'en a point d'autre que la durée incertaine de leur état ou de leur vie. La loi n'a pas voulu qu'une charge, qui est gratuite et qui exige tant de soins, restât indéfiniment sur la tête du même tuteur. Aussi, a-t-elle permis au tuteur de l'interdit de demander à en être déchargé après une gestion de dix ans. — Toutefois, cette faculté n'a plus lieu lorsque la tutelle est exercée par le conjoint, par l'ascendant ou le descendant de l'interdit. Ces derniers, chargés de la tutelle, ne font que remplir un devoir de la nature, qu'on ne peut regarder comme un fardeau.

De la gestion du tuteur de l'interdit. — La nomination d'un tuteur à l'interdit fait cesser à l'instant les fonctions de l'administrateur provisoire, s'il en a été nommé un. Le tuteur reçoit ses comptes ; c'est un des premiers actes de la tutelle. Au reste, nous l'avons déjà dit, les lois sur la tutelle des mineurs s'appliquent à la tutelle de [l'interdit, qui est assimilé au mineur pour sa personne et pour ses biens (509).

Le législateur a établi, cependant, sur l'administration des biens de l'interdit, quelques règles particulières nécessitées par la différence qui se trouve entre son état et celui du mineur. Le conseil de famille, selon le caractère de la maladie et l'état de la fortune de l'interdit, peut arrêter qu'il sera traité dans son domicile, ou qu'il sera placé dans une maison de santé, et même dans un hospice (art. 510).

L'économie prescrite dans l'intérêt des mineurs, doit être moins sévère quant aux dépenses qui regardent l'interdit. La loi veut que ses revenus soient essentiellement consacrés à l'adoucissement de son sort et à sa guérison. On ne doit donc épargner aucune des dépenses, même de pur agrément, qui peuvent lui donner de la satisfaction, et par cela même contribuer au rétablissement de sa santé. Le conseil de famille prescrit à cet égard ce qu'il juge convenable.

Le tuteur de l'interdit est chargé de la personne de ce dernier et des intérêts de sa famille. S'il est question du mariage ou de tout autre établissement d'un de ses enfants, la dot, l'avancement d'hoirie et les autres conventions matrimoniales doivent être réglées par délibération du conseil de famille (art. 511). Mais, dans la crainte que le conseil de famille n'abuse de ce pouvoir discrétionnaire, la loi veut que son avis soit homologué par le tribunal, sur les conclusions du ministère public (511). Ainsi, l'homologation ne doit pas être une vaine formalité; les magistrats sont obligés de s'assurer que les intérêts de l'interdit, ainsi que ceux des enfants, ne sont pas sacrifiés à des intérêts opposés qui pourraient exister au sein de leur famille.

Cessation de l'interdiction. — L'art. 512 est ainsi conçu :

« L'interdiction cesse avec les causes qui l'ont déterminée ; néan-
» moins la main-levée ne sera prononcée qu'en observant les formali-
» tés prescrites pour parvenir à l'interdiction, et l'interdit ne pourra
» reprendre l'exercice de ses droits qu'après le jugement de main-
» levée ».

Le respect dû au jugement qui a prononcé l'interdiction, et plus encore la sûreté publique, exigent qu'il soit détruit par un autre jugement rendu avec les mêmes formalités que le premier. Ainsi, le conseil de famille doit être consulté, l'interdit interrogé, et même, s'il est nécessaire, des témoins entendus.

Mais remarquons que la loi ne dit point que la main-levée ne peut être demandée que par les personnes qui ont qualité pour provoquer l'interdiction. De là peut-on conclure que l'interdit peut agir lui-même en main-levée de son interdiction? L'affirmative me paraît fort ratio-nelle. Car autrement, ses parents pourraient, en restant dans l'inac-tion, le tenir perpétuellement en état d'incapacité, quoiqu'il ait recou-vré toute sa raison. (M. Val. sur Proud. II. page 553.

Remarquons, en outre, que la loi ne renvoie qu'aux formes prescrites pour obtenir l'interdiction ; et qu'elle ne dit rien des formalités
qui doivent suivre l'interdiction obtenue, c'est-à-dire des affiches du
jugement. La loi a pensé qu'il importe bien moins d'apprendre aux
tiers la capacité que l'incapacité d'une personne. (MM. Val. sur Proudhon, II, n° 554 ; *demo* VIII, n° 684). (Voir l'arrêt du 12 février 1816.
Sirey, t. XVI, 1re partie, page 417 et suiv.).

CHAPITRE III.

Du conseil judiciaire.

La loi autorise la justice à donner à certains individus une ou plusieurs personnes, sans l'assistance desquelles ils ne peuvent valablement plaider ni aliéner leurs biens : c'est ce qu'on appelle un conseil
judiciaire. L'art. 513 du Code Napoléon est conçu en ces termes :
« Il peut être défendu aux prodigues de plaider, de transiger, d'em-
» prunter, de recevoir un capital mobilier et d'en donner décharge ,
» d'aliéner ni de grever leurs biens d'hypothèques sans l'assistance d'un
» conseil qui leur est nommé par le tribunal. » Mettons également
sous les yeux la disposition de l'art. 499 que nous avons, d'ailleurs,
déjà eu l'occasion d'expliquer, et dont voici la teneur : « En répétant la
» demande en interdiction, le tribunal pourra néanmoins, si les cir-
» constances l'exigent, ordonner que le défendeur ne pourra désor-
» mais plaider, transiger, emprunter, recevoir un capital mobilier,
» ni en donner décharge, aliéner ni grever ses biens d'hypothèques,
» sans l'assistance d'un conseil qui lui sera nommé par le même juge-
» ment. »
D'après les dispositions des deux articles que je viens de mettre sous
les yeux, nous pouvons voir que la nomination d'un conseil judiciaire
peut être provoquée en deux cas : 1° lorsqu'un homme, sans être
absolument en démence, est néanmoins d'un caractère et d'une raison trop faibles pour conduire seul ses affaires, et qu'il se trouve par
conséquent exposé à des surprises ou entraîné à des actes qui pourraient consommer sa ruine ; 2° dans le cas de prodigalité, lorsqu'un

homme, dominé par des passions qu'il n'a pas la force de dompter, abuse de ses droits pour dissiper ses biens en dépenses excessives et désordonnées.

Il n'est pas possible d'indiquer d'une manière précise les cas où, sans qu'il soit besoin de prononcer l'interdiction, il suffit de soumettre un majeur à la direction d'un conseil judiciaire. Il faut laisser à cet égard aux tribunaux une appréciation tout-à-fait souveraine : c'est à eux seuls qu'il doit appartenir de décider, par les faits et les circonstances, si l'individu est dans cette faiblesse d'esprit qui laisse flotter sa volonté toujours prête à fléchir au gré de ceux qui ne cherchent qu'à le surprendre; s'il est attaqué de cette facilité à s'engager, qui le rend incapable de diriger utilement ses affaires par lui-même, et sans un conseil ferme et éclairé.

Quant à la prodigalité, elle ne peut non plus être définie rigoureusement. La loi à cet égard s'en rapporte également à la sagesse des juges.

Le prodigue, suivant le fameux jurisconsulte romain Ulpien, est celui qui ne met ni fin, ni mesure à ses dépenses, qui dissipe son bien en ces sortes de profusions que les gens sensés ont toujours qualifiées de folie. « *Qui quod ad bona ipsorum furiosum faciunt exitum.* » (l. 12 § 2, T. de tut. et cur. dat. — T. I, de curat. *furios.*)

On ne considère pas comme prodigues ceux qui n'abusent que dans une certaine mesure du droit de disposer de leurs biens.

L'objet des dépenses est aussi beaucoup à considérer, car il ne faut pas confondre le prodigue avec l'homme libéral. Le prodigue est celui dont les dépenses n'ont aucun but utile pour la société, qui dissipe sa fortune en festins, en présents, en jeux, en choses et dépenses qui ne laissent après elles que des traces fugitives ou nulles; le libéral, au contraire, est celui dont les dépenses consistent dans des actions de bienfaisance. (Cic. de offic., l. 2, n° 76; voir la formule d'interdiction des prodigues usitée à Rome. — Paul. recept., l. 3 Tit. IV, n° 7.)

Remarquons, avant d'aller plus loin, qu'à la différence de l'interdiction qui opère un véritable changement d'état, la nomination d'un conseil judiciaire n'en opère aucun dans la personne qui s'y trouve soumise : elle continue d'exercer par elle-même toute ses actions, tous les droits civils et politiques, de faire en un mot tous les actes de la vie civile. Elle est seulement assujétie à prendre pour certains actes d'exception l'avis du conseil qui doit le prémunir contre ses erreurs et les surprises auxquelles elle est exposée dans la disposition de ses biens ou dans la direction de ses affaires. Ces actes d'exceptions sont déterminés par l'article précité.

Demandons-nous maintenant quelles personnes ont qualité pour provoquer la nomination d'un conseil judiciaire; et quelles sont les formalités à suivre, soit pour obtenir la nomination du conseil, soit pour faire cesser l'incapacité résultant de sa nomination.

La défense de procéder à certains actes sans l'assistance d'un conseil, et la nomination du conseil peuvent être provoquées par ceux qui ont droit de demander l'interdiction. Leur demande doit être instruite et jugée de la même manière. Cette défense ne peut être levée qu'en observant les mêmes formalités. C'est ce que porte expressément l'art. 514 du Code civil.

Aucun jugement, en matière d'interdiction, ou de nomination de conseil ne peut être rendu, soit en première instance, soit en cause d'appel, que sur les conclusions du ministère public (515).

L'art. 513, nous l'avons vu, énumère les actes dans lesquels le demi-interdit a besoin de l'assistance du conseil judiciaire. Il faut remarquer que les juges ne peuvent rien retrancher de cette énumération, ni rien y ajouter. Mais quant aux actes qui ne sont pas compris dans cette énumération, il peut valablement les faire seul. Ainsi, pour lui, l'incapacité, c'est l'exception ; la capacité, le droit commun. D'où il faut conclure notamment qu'il peut, et sans l'assistance du conseil : 1° faire son testament; 2° se marier, car la loi ne lui défend point; seulement il devra prendre l'assistance de son conseil pour faire ses conventions matrimoniales, c'est-à-dire le réglement de ses rapports pécuniaires avec son futur conjoint; car, il ne peut, à lui seul, disposer ni de ses capitaux, ni de ses immeubles. Ainsi, à lui seul il ne peut que se marier sous le régime de la séparation de biens. Que s'il ne fait pas de contrat, ses meubles, autres encore que ses capitaux, tomberont seuls dans la communauté; car il est tout aussi incapable de disposer tacitement qu'expressément; et le régime de la communauté légale a son fondement dans l'intention présumée des parties.

Quant à l'hypothèque qui pèse sur les biens du mari au profit des femmes (2121), la femme du prodigue l'acquiert dans tous les cas, c'est-à-dire encore que le mariage ait eu lieu sans l'assistance du conseil; car elle est indépendante de la volonté du mari : qu'il le veuille ou qu'il ne le veuille pas, la loi, daus un intérêt d'ordre public, l'établit toujours.

Disons, en terminant, que les actes pour lesquels le Conseil doit être consulté sont annulables, s'ils ont été passés sans son avis. Cette nullité est de droit pour tous ceux qui sont postérieurs au jugement de nomination; car, suivant l'art. 502, il doit avoir son effet à commencer du jour où il a été prononcé, quand même il y en aurait eu appel, pourvu qu'il soit confirmé.

Quant aux actes antérieurs au jugement, ils sont inattaquables, si ce n'est dans les cas de droit.

Cependant je crois, avec le savant d'Argentré, que les actes passés pendant la litispendance devraient être annulés, s'ils étaient au profit d'un homme qui aurait eu connaissance de la demande en nomination de conseil. Il y a, tout porte à le croire, dol personnel de la part de celui qui, ayant connaissance de la demande, se hâte de contracter, avant le jugement, avec celui qui a été jugé devoir être soumis à la direction d'un conseil.

PROCÉDURE CIVILE.

De la compétence des Tribunaux civils d'arrondissement en premier et en dernier ressort (1re partie, liv. II).

La compétence des tribunaux de première instance, qui seraient mieux appelés tribunaux civils d'arrondissement, puisque la première dénomination semble supposer qu'ils ne pourraient juger en seconde instance, a été déterminée par la loi des 16-24 août 1790.

La loi du 11 avril 1838 est venue y apporter quelques modifications importantes dont nous parlerons plus bas.

Le mot *compétence,* dérivé du mot latin *competere,* appartenir, exprime, en général, la portion de pouvoir attribué par la loi à chaque fonctionnaire public en particulier « *quod cuique competit.* »

Appliqué aux fonctions judiciaires, il désigne le pouvoir que la loi confère à tel tribunal, plutôt qu'à tel autre, de prononcer sur une contestation judiciaire.

Ce pouvoir est réglé, soit à raison de la nature de l'action, soit à raison du territoire dans l'étendue duquel un tribunal exerce sa juridiction, c'est-à-dire son droit de juger pris d'une manière absolue.

Il l'est *à raison de la nature de l'action,* quand la loi a exprimé généralement, comme l'art. 4 du tit. 4 de celle des 16-24 août 1790, et l'art. 59 du Code de procédure, que tels tribunaux connaîtront de telle action.

Il l'est *à raison du territoire,* quand elle déclare, comme le même art. 59, que parmi les tribunaux compétents pour une action, le demandeur devra s'adresser, soit à celui du domicile du défendeur, soit à celui de la situation de l'objet litigieux.

Ainsi deux choses sont à considérer pour savoir si un tribunal est compétent ou incompétent : 1° L'affaire que l'on entend lui soumettre est-elle du nombre de celles dont la loi lui attribue la connaissance ? 2° En cas d'affirmative, est-ce devant le tribunal du domicile du défendeur ou devant celui de la situation de la chose que l'on doit porter l'action ? Dans le premier cas, on dit que le tribunal est compétent à raison de la matière, *ratione materiæ*; dans le second, qu'il l'est à raison de la personne, *ratione personæ,* ou de la situation de la chose.

De ce que le tribunal devant lequel on porterait une action serait incompétent sous l'un de ces rapports, il en résulterait, en faveur du défendeur, une exception déclinatoire, dont l'effet serait de faire prononcer le renvoi de l'affaire devant le tribunal compétent, et de mettre à la charge du demandeur tous les frais qui auraient été faits jusqu'alors.

Parlons d'abord de la compétence *ratione materiæ.* Nous avons déjà dit que la loi du 11 avril 1838 a apporté quelques modifications à la compétence des tribunaux civils, réglée par la loi des 16-24 août 1790. Elle a eu principalement pour objet : 1° d'élever le taux du dernier ressort pour les matières dont la connaissance leur est attribuée ; 2° de garantir l'expédition plus rapide et plus économique de toutes les affaires dont les tribunaux civils connaissent en dernier ressort.

Le nouveau législateur n'a donc rien changé à la compétence des tribunaux civils pour le premier ressort.

Ainsi, ils connaissent, comme juge de première instance, de toutes les affaires personnelles, réelles et mixtes, en toute matière, excepté seulement celles que la même loi de 1838 déclare être de la compétence des Juges de Paix, et les affaires de commerce dans les arrondissements où il y aura des tribunaux de commerce établis, etc.

Aux juridictions exceptionnelles appartiennent toutes les affaires que le législateur leur a attribuées d'une manière spéciale ; aux juridictions ordinaires, c'est-à-dire aux tribunaux civils, toutes celles qui, dans les matières civiles, n'ont pas été déférées à d'autres juridictions, quels que soient le chiffre de l'action et l'importance du litige.

D'après la loi des 16-24 août 1790, les tribunaux civils connaissaient en dernier ressort, de toutes les affaires personnelles et mobilières jusqu'à la valeur de 1,000 fr. en principal, et des affaires réelles jusqu'à 50 livres de revenu déterminé, soit en rente, soit par prix de bail (Tit. iv, art. 5). D'après la loi du 11 avril 1838, au contraire, les tribunaux civils connaissent, en dernier ressort, des actions mobilières et personnelles, jusqu'à la valeur de quinze cents francs de principal, et des actions immobilières, jusqu'à soixante francs de revenu déterminé, soit en rente, soit par prix de bail (art 1. de cette loi).

J'avais oublié de dire que les tribunaux civils connaissent, comme juges de second degré : 1° des appels dirigés contre les sentences des justices de paix, quand ces sentences sont sujettes à l'appel ; 2° des appels dirigés contre les sentences arbitrales rendues sur des matières qui eussent été, soit en premier, soit en dernier ressort, de la compétence du juge de paix.

Occupons-nous actuellement de la compétence *ratione personœ*. — En Droit romain, il était de principe que le défendeur devait être assigné devant le juge de son domicile, « *actor sequitur forum rei ,* » le défendeur pouvait aussi, du moins en général, être cité devant le juge dans le ressort duquel le contrat avait été passé, ou dans le ressort duquel l'obligation avait pris naissance (liv. 2, § 4 et 19 , § 1. D. de judiciis).

Quant aux actions réelles, elles devaient être portées devant le juge de la situation de l'objet litigieux (liv. 3. C. ubi in rem actio exerceri debeat) : mais suivant Vinnius, sur le § 1er, Inst. de actionibus , et quelques autres auteurs, elles pouvaient l'être aussi devant le juge du domicile du défendeur, au choix du demandeur.

L'ordonnance de 1667, ne fixait aucune règle de compétence : ses auteurs s'en étaient remis sur ce point à la doctrine. Voici les règles qui étaient généralement admises : nous les empruntons à Rodier, sur l'art. Ier, tit. VI, de l'ordonnance.

« Toute action personnelle, dit cet auteur, doit être intentée de« vant le juge du domicile du défendeur, selon cette maxime , « actor » sequitur forum rei ; toute action purement réelle doit être intentée » devant le juge dans la juridiction duquel les biens qu'on demande » sont situés. Il y a encore des actions mixtes, c'est-à-dire qui tiennent » du personnel et du réel ; et comme la personne est plus noble que » la chose, elle décide de la compétence, c'est-à-dire qu'on doit inten- » ter cette action devant le juge du domicile du défendeur. « L'action » en partage d'une succession, ou d'un fonds commun est une action » mixte.

« Si en action personnelle , j'ai deux parties à assigner, comme par » exemple , deux cohéritiers qui seront domiciliés en deux différentes » juridictions ressortissant à un même sénéchal , je dois les assigner » devant le sénéchal comme juge commun, et par la même raison , » s'ils sont domiciliés en deux sénéchaussées différentes, je dois impé- » trer des lettres pour les assigner au parlement où les deux sénéchaux » ressortissent ; et si les deux sénéchaux ressortissent en différents » parlements, il faut se pourvoir en réglement de juges, suivant l'or- »· donnance de 1737. »

Les art. 59 et 60 du Code de proc. civ., nous font connaître les rè- gles qui déterminent aujourd'hui la compétence *ratione personœ :* je me contente d'en donner la teneur : je donnerai à MM. les professeurs, lors de la discussion de ma thèse, les explications que pourront comporter leurs dispositions.

Art. 59. — « En matière personnelle, le défendeur sera assigné de
» vant le tribunal de son domicile; s'il n'a pas de domicile, devant le
» tribunal de sa résidence.—S'il y a plusieurs défendeurs, devant le
» tribunal du domicile de l'un d'eux, au choix du demandeur. — En
» matière réelle, devant le tribunal de la situation de l'objet litigieux.
» En matière mixte, devant le juge de la situation, ou devant le juge
» du domicile du défendeur. — En matière de société, tant qu'elle
» existe, devant le juge du lieu où elle est établie. — En matière de
» succession: 1° sur les demandes entre héritiers jusqu'au partage in-
» clusivement; 2° sur les demandes qui seraient intentées par les
» créanciers du défunt avant le partage; 3° sur les demandes relatives
» à l'exécution des dispositions à cause de mort, jusqu'au jugement
» définitif, devant le tribunal du lieu où la succession est ouverte. —
» En matière de faillite, devant le juge du domicile du failli. — En
» matière de garantie, devant le juge où la demande originaire sera
» pendante. — Enfin, en cas d'élection de domicile pour l'exécution
» d'un acte, devant le tribunal du domicile élu, ou devant le tribunal
» du domicile réel du défendeur, conformément à l'art. 111 du Code
» civil.

Art. 60. — « Les demandes formées pour frais par les officiers mi-
» nistériels seront portées au tribunal où les frais auront été faits. »

En terminant ce que j'avais à dire sur la compétence des tribunaux civils d'arrondissement, il est bon de ne pas passer sous silence une question fort importante, et pour la solution de laquelle deux systèmes tout-à-fait opposés se trouvent en présence. Les tribunaux civils sont-ils autorisés, en principe, à connaître des causes réservées aux juridictions exceptionnelles, lorsque, mal à propos, les causes leur ont été soumises? — Assurément, si le défendeur qui, n'étant pas justiciable des tribunaux civils, propose le déclinatoire, le tribunal ne pourra refuser de se dessaisir et de renvoyer devant les juges d'attribution. Aucune difficulté sérieuse ne saurait alors se présenter; car, s'il en était autrement, les lois qui ont organisé la compétence, ne seraient qu'une vaine illusion. Mais le défendeur ne propose pas le déclinatoire en temps utile, c'est-à-dire sur le seuil même du procès, *in limine litis*, l'exception sera-t-elle couverte ? Ou bien si le défendeur garde le silence, le tribunal sera-t-il tenu de se dessaisir d'office; par suite, faudra-t-il appliquer les dispositions des art. 168 et 169 , ou bien celle de l'art. 170 du Code de proc. ? En d'autres termes, l'incompétence sera-t-elle à raison de la matière ou à raison des personnes ?

Les jurisconsultes se sont divisés d'opinion. Les uns ne voient là qu'une incompétence *ratione personœ*, et appliquent par suite les dispositions des art. 168 et 169 du Code de proc.; d'autres, au contraire, estiment qu'il y a là une incompétence *ratione materiœ* et non *ratione personœ*; que dès-lors, non-seulement le déclinatoire peut être proposé en tout état de cause, mais encore que le tribunal est obligé de se dessaisir d'office.

Les partisans du premier système se sont fondés sur la distinction qui existe entre les juridictions ordinaires et les juridictions extraordinaires; ils ont dit que les causes attribuées à ces dernières juridictions, ayant été distraites et démembrées de la juridiction universelle, le retour à l'*état primitif* était favorable; que ces juridictions n'ayant été établies que dans l'intérêt des parties , celles-ci pouvaient renoncer au droit d'être jugées par ces juridictions; que cette renonciation devait se présumer, par cela seul qu'elles ne proposaient pas le déclinatoire; que, dès-lors, l'incompétence du tribunal civil constituait une incompétence à raison de personnes, et non à raison de la matière. La jurisprudence de la Cour de cassation et des Cours impériales s'est prononcée pour ce système.

Quant à moi, je ne puis adopter cette opinion; et je me range du côté de ceux qui pensent qu'il y a, en pareil cas, incompétence *ratione materiœ*, et que, par suite, le tribunal saisi de la contestation est obligé de décliner lui-même sa compétence.

Je suis loin de vouloir nier que le législateur, en déterminant la compétence des diverses juridictions, ait eu en vue l'intérêt des parties. Mais je dirai aussi qu'elle a considéré principalement l'intérêt général, quand elle a réglé la compétence à raison de la matière. Il ne peut donc pas être permis de déroger tacitement ou expressément, en cette occasion, à l'ordre des juridictions. Or , je dis qu'il y a, dans la question posée, incompétence *ratione materiæ*, et non incompétence *ratione personæ*. Cette dernière incompétence n'existe que lorsque le défendeur est par son domicile justiciable d'un autre tribunal; et c'est ce qui n'a pas lieu dans l'espèce. Il n'y a ici, par conséquent, qu'une incompétence *ratione materiæ*, provenant de la nature même de l'affaire attribuée par la loi à la juridiction exceptionnelle.

DROIT CRIMINEL.

De la juridiction des juges de paix comme juges de police.

La connaissance et le jugement des délits appartiennent aux tribunaux de police correctionnelle. La connaissance des contraventions de simple police, au contraire, rentre dans les attributions du juge de de paix et du maire, conformément à la disposition de l'art. 138 du Code d'instruction criminelle.

Mais qu'entend-on par contraventions de simple police? L'art. 137 répond à cette question. « Ce sont les faits, porte cet article, qui, d'a-
» près les dispositions du quatrième livre du Code pénal, peuvent don-
» ner lieu, soit à quinze francs d'amende et au-dessous, soit à cinq
» jours d'emprisonnement ou au-dessous, qu'il y ait ou non confisca-
» tion des choses saisies, et quelle qu'en soit la valeur ».

Dans l'art. 137, la loi a déterminé, on le voit, non pas la compétence spéciale du juge de paix ou celle du maire prises par opposition l'une à l'autre, mais uniquement la compétence générale des tribunaux de simple police, que cette juridiction soit exercée par l'un ou par l'autre.

La compétence des tribunaux de simple police se détermine d'après le maximum possible, le maximum légal que le fait de la prévention peut entraîner. Ainsi, pour décider la question de compétence, il s'agit seulement de considérer la nature du fait comparé à la peine que la loi permet d'infliger. C'est ce qui résulte formellement des termes de l'art. 137. Par cela seul qu'un fait peut, d'après la loi, entraîner plus de cinq jours d'emprisonnement ou plus de quinze francs d'amende, ce fait se trouve en dehors de la compétence des tribunaux de police.

Il peut être à propos de remarquer que l'art 137 doit être pris dans un sens énonciatif, et non dans un sens limitatif. Ainsi, soit qu'un fait soit puni par le quatrième livre du Code pénal, ou bien d'après toute autre loi ou tout autre réglement obligatoire, si la peine qui y est infligée ne dépasse pas quinze francs, il rentre évidemment dans la compétence des tribunaux de police simple. Et, en effet, l'art. 484 du Code pénal, qui n'appartient, à proprement parler, à aucun livre, c'est le dernier du Code, formant une disposition générale, qui s'applique à tout l'ensemble du texte, l'art. 484 déclare que, sur toutes les matières non réglées par le présent Code, les lois et réglements actuellement en vigueur continueront d'être appliqués par les juges. Eh bien, il est clair que les lois et réglements relatifs aux matières de police, soit postérieurs, soit même antérieurs au Code pénal, et sur les matières desquels le Code pénal n'aura rien statué, continueront d'être appliqués par les tribunaux de police, en tant qu'ils prononceront des peines inférieures à la limite déterminée par l'art. 137.

Voilà pour la compétence des tribunaux de police en masse et sans distinction. L'art. 138 indique maintenant la division fondamentale de la matière, la compétence par concurrence entre le juge de paix et le maire. Nous n'avons ici à nous occuper que de la compétence du juge de paix.

En principe, le juge de paix est compétent, d'après les art. 139 et 140 du Code d'instruction criminelle, pour toute espèce de contravention commise dans l'étendue de son canton. La concurrence du maire n'est jamais une préférence, et le concours n'existe jamais que pour certains cas déterminés. Ainsi, quels que soient le lieu, la nature, la gravité de la contravention commise, les parties ou l'une d'elles peuvent, d'après le texte du Code, la déférer au juge de paix. Seulement, dans certaines contraventions, et à raison de quelques circonstances, par un motif de célérité et par suite d'économie, la loi accorde au maire de la commune qui n'est pas chef-lieu de canton, non pas un droit exclusif, mais un simple droit de concurrence avec le juge de paix. La juridiction du juge de paix reste donc la règle générale, uniforme et sans aucune exception; les maires n'ont avec lui qu'une simple concurrence, et seulement dans les cas expressément déterminés par la loi.

D'après l'art. 140, le juge de paix est compétent pour toute espèce de contravention; l'art. 139 tend seulement à énumérer les cas dans lesquels la concurrence des mains n'existe pas, et dans lesquels le juge de paix est exclusivement et seul compétent. Voici quelle en est la teneur :

« ART. 139. — Les juges de paix connaîtront exclusivement : 1º Des
» contraventions commises dans l'étendue de la commune chef-lieu
» du canton ; 2º des contraventions dans les autres communes de leur
» arrondissement, lorsque, hors le cas où les coupables auront été
» pris en flagrant délit, les contraventions auront été commises par
» des personnes non domiciliées ou non présentes dans la commune,
» ou lorsque les témoins qui doivent déposer, n'y sont pas résidants
» ou présents ; 3º des contraventions à raison desquelles la partie qui
» réclame conclut, pour ses dommages-intérêts, à une somme indé-
» terminée ou à une somme excédant quinze francs ; 4º des contra-
» ventions forestières poursuivies à la requête des particuliers ; 5º des
» injures verbales ; 6º des affiches, annonces, ventes, distributions ou
» débits d'ouvrages, écrits ou gravures, contraires aux mœurs ; 7º de
» l'action contre les gens qui font le métier de deviner et pronosti-
» quer, ou d'expliquer les songes ».

La juridiction des juges de paix considérés comme juges de police, se trouve très bien détaillée dans les art. 141 à 166.

Une observation importante à faire, avant de terminer cette matière, c'est que les tribunaux de police, de même que les tribunaux d'une importance plus haute, ne statuent jamais d'office. C'est un principe général, dans nos juridictions pénales, comme dans les matières civiles, que les juges n'ont pas qualité pour se saisir eux-mêmes des faits punissables. Ici donc, comme dans les tribunaux criminels ou dans les tribunaux correctionnels, il faut un ministère public. Les fonctions du ministère public sont remplies par le commissaire de police de la commune, et, s'il y en a plusieurs, par l'un d'eux désigné à cet effet par le procureur-général du ressort. Que s'il n'y a pas de commissaire de police, ces fonctions sont remplies par le maire ou son adjoint (art. 144. C. d'inst. criminelle).

Vu par le Président de la thèse,
DELPECH.

Cette thèse sera soutenue en séance publique, dans une des salles de la Faculté de Toulouse, le 1er août 1854.

TOULOUSE. — IMPRIMERIE DE J.-B. CAZAUX, Petite rue Saint-Rome, 1.